お金と銭《ぜに》

中野善壽

Discover

はじめに

お金と銭。

題をご覧になって、なんとも仰々しい本だと驚かれたかもしれません。
金銭について語り尽くすとは品がない、と眉間に皺を寄せる人もいるでしょう。

しかし、考えてみてほしいのです。

この世に生きる私たちの誰一人とっても、金銭と無関係でいられる人はいません。
今日も明日も明後日も、
私たちは「お金と銭」から離れられない日常の中を生きています。

上手につきあう術《すべ》を知らずに、金銭に人生を呑《の》み込まれてしまい、苦労する人が後を絶ちません。

＊＊＊

中野善壽《なかのよしひさ》、80歳。
経営者、東方文化支援財団活動のリーダー。
社会人になって58年、伊勢丹・鈴屋などを経て、
台湾・日本・その他の国々で約40年近くにわたり7社の「緊張感ある企業創生」に関わり、外見は50歳半ばの元気力です。

元気の源は、10年ごとに転じるビジネスを核にした「うまれかわり」です。

２０２４年11月に、社会と経営の「常識に革命を起こす」をテーマに「中野塾」を立ち上げ、若手起業家の方々と熱のこもった「学びの会」をスタートしています。

今世において、「うまれかわる」とは、過去にこだわらず、未来に惑わされず、「約10年ごとに思いきり転ずるという行動力」です（海外でも、異業種の仕事でも、導かれるまま…）。

笑顔と明るさ、そして「因果応報」を胸に、
目の前のできることに意識を集中、
日々時々を過ごしています。
さらに「過去の私」の経歴が気になる方は、
東方文化支援財団のホームページ等をごらんください。

＊＊＊

私は、一人の人間として、また、一人の経営者として、
お金と真正面から向き合い、生きてきました。

気づけば80年もの月日を過ごす中で、
「お金と銭」から〝ものの本質〟を学び、
「お金と銭」によって〝心の鍛練〟の機会を得られたように感じています。

周囲の人々からは、
「中野さんはお金に好かれている」と思われているようですが、
それはそのように生き方を選択してきたからです。

お金に苦労する人生は送りたくないと、多くの方が願うことでしょう。

金銭は力です。

金銭があることでさまざまな思いがかなえられ、
金銭は権力の象徴にもなるという意味で、
そのパワーははかりしれません。

では、どうしたら金銭的豊かさと心の幸せ感を得られるのか。
そもそも、私たちの幸せと金銭の関係とはどういうものなのか。
なぜ、人生において「お金と銭」が必要なのか。

私なりに得た学びを、いつものように力を抜いて、伝えていきたいと思います。

中野善壽

中野流
お金に好かれる7つの原則

1

銭と欲がつながっていることを意識する。

2

善く使えばお金になり、徳を積み、そして運を呼ぶ。

3

貸したお金はすべて忘れる。

4

財布はお金がやすらぐ家。

5

買って感謝を伝える。

6

期待と未来にお金を使う。

7

簿記と感性の両輪を磨く。

CONTENTS

1章

人生を豊かにし幸せにもする「お金」と「銭」の流儀

2 章

徳を積み、自分を向上させるお金の使い方(個人編)

3章

徳を積み、ビジネスを成果あるものにするお金の使い方（経営編）

4章

お金に好かれる運と縁の磨き方

1章

人生を豊かにし
幸せにもする
「お金」と「銭」の流儀

私たちは稼ぐことで不徳を積む。だから、徳を積む使い方をしなければならない。

「お金」と「銭」。わざわざ分けて表現するのには、理由があります。

私たちの金銭との関わり方は、大きく分けて二つ。
稼ぐか、使うかです。

まずは金銭を得るために、稼ぐ。
金銭がなければ、現代人の生活は維持できません。

私たちは生きている限り、何らかの形で「稼ぐ」ことから無縁ではいられません。
（たとえ、自分は稼いでいなかったとしても、過去の稼ぎ、あるいは誰かの稼ぎによって生活は成り立っています）

さて、この「稼ぐ」という行動ですが、
（あまりそれを自覚している人はいませんが）
私たちは稼ぎながら「不徳」を積み続けています。
なぜなら、稼ぐための営みには、人の「欲」や「恐れ」を刺激し、欲や恐れをさらに膨張させるような行いが、少なからず伴うものだからです。
あるいは、モノを作ったり売ったりする過程で、
自然環境を破壊したり、誰かに不義理を働いたりすることに、
かすかに後ろめたく感じたことはないでしょうか。

資本主義の原理に辻褄《つじつま》を合わせるために、白を黒の可能性があると言ったり。
自欲のために理屈をこねたり。
誰もが心当たりがあるでしょう。

すなわち、我々が稼いで得た「銭」には、
逃れることのできない業（カルマ）が染みついているのです。
稼いだ時点で、私たちは不徳の行いを積んでいる。
不徳にまみれた稼ぎが「銭」。
そしてその銭を自欲のため、必要以上に使う金銭が「銭」です。
銭を銭のまま使うと、不徳のスパイラルへと転落します。

では、この銭を浄化し、自分や周りの人たちに幸をもたらす、
輝く「お金」に変えるにはどうしたらいいのか。

答えは一つ。
「徳を積む使い方をする」です。
「他の人のために…を意識して使うこと」です。

では、「徳とは何か？」

私は次のように感じています。
現世では運を呼び、良い縁を結び、幸せと豊かさを集める力です。
そして、成長・成功・成果・望みを叶える目に見えない力です。
また、良い来世につながるパワーでもあります。
不徳は、その逆と思ってください。
積み上げる不徳は、マイナスのパワーが働きやすくなります。

金銭には、元来、よいも悪いもありません。
あるのはパワーだけ。
金銭があれば、多種多様なモノやコトと交換できることから、
金銭はパワーであり権力になります。

その強大なパワーをどう使うかによって、猛毒にも妙薬にもなる。
この手の振り方一つで、その色模様は変わるのだということを、
私たちはもっと自覚すべきでしょう。

「他人の幸せのため」と意識して正しく使えば、お金と相思相愛に。お金は、徳を積むための善い手段。

本当は大好きなのに、わざと無関心のふりをする。
金銭に対して、そんな態度をとる人が時々います。
私は堂々と、「お金と仲良くできる自分でありたい」と公言できます。
誠心誠意、気持ちを注げば、
きっと金銭も私を好きになってくれるだろうと信じています。

「今日も他人の幸せのためを意識した正しいお金の使い方ができただろうか？」と毎晩ふり返り、
一円でも粗末に扱うことがないように…。
お金に好かれる自分になるということは、
正しい行いで徳を積める自分になるということです。
胸を張って、お金と相思相愛になりましょう。

肝心なのは、お金についてよく考えるという意識を、平常から保つ姿勢です。
たいていの人は、家などの高額なものを購入しようと思ったとき、窮して困ったとき、
あるいは宝くじが当たるなど急に大金が舞い込んだときにしか、
お金について真剣に考える時間を持ちません。

本来ならば、いつでも誰でも、お金に心を寄せるべきです。

徳を積むための行動は、「修養をする」「肉体労働をする」などなど、
いろんな方法があります。

中でも「他人の幸せのためにお金を使う」という徳の積み方は、良い意味でパフォーマンスがいいのではないかと思うのです。お金には周りの人や社会を動かすパワーがあり、より広範囲に影響する効果があるからです。

例えば、「著名なアスリートが被災地に多額の寄付をした」というニュースが大きな話題になり、寄付の輪がさらに広がるというムーブメントもその一つでしょう。あるいは、引退した実業家が私財を投じて基金を設立し、若き才能が開花する土壌をつくるといった行動も、共感した人たちから基金にさらにお金が集まって活動が発展するなど、広がりが期待できます。

「徳を積む」という目的を果たすうえで、お金は非常に大きなサポートとなるのです。

明日を恐れ、ただただ銭を貯めるは悪。善く使えばつながり巡り、必要なお金は入ってくる。

私は銭を稼ぐことには興味がありますが、
お金を貯めることにはまったく興味がありません。
使わなければ、お金は何も意味を成しません。
誰かを喜ばせることもできないし、
やりたいことがある人を応援することもできない。
なんの役にも立たない銭を、私欲のために貯めるのは不徳の行為だと私は考えます。
善く使ってこそ、お金は輝き出すのです。

もっと言えば、他の幸せのために使って減らさなければ、次のお金は入ってきません。
積極的に使って減らすべきです。
ただし、自分の物欲に向かうのもまた不徳を積みます。
繰り返し述べますが、「どう使うか」が重要なのです。

この本では、まず、個人が人生を豊かにするための使い方について、
私の経験に基づく考えをお伝えします。
次に、ビジネスを通じて徳を積むお金の使い方を、経営の視点からお伝えします。
また、お金の巡りをよくする運と縁を磨くための心得も大切です。
これについても、私の実践の一例を紹介します。

自分と他者をつなぎ、お互いの力を高め合う循環のエネルギー。
命を救い、愛を伝えるぬくもり。
心を磨き運を高め、徳を積むための道。

あなたにとって、「お金」と「銭」とはなんですか？

コストカットが先じゃない。何に使うか、攻めの戦略から。

家計でも会社の会計でも、お金のマネジメントをしようとするときに、まず「コストカット」から考えるのは、あまりにも無策です。「何を削るか」という発想からは、新しいものは生まれません。

もしも未来をよりよくしたいのならば、今使えそうなお金を「どう使うか」。この戦略に集中することが、まずやるべきことでしょう。

ある会社の経営を任されたとき、
会社の経営状況は芳しくなく、
社内にはコストカット思考が蔓延していました。
このまま7ヶ月過ぎると手持ち現金はゼロになる、
2ヶ月以内に50パーセントを使おう、
これをやらなければいずれ倒産するだろう。
私は発想を変えるようチームメンバーを説得し、
「ブランドの付加価値を上げる施策に投資をする」戦略へと切り替えました。
敷地内の無二の自然の魅力を活かす造成工事や、
ロケーションを活かした宿泊客を楽しませるメニュー開発、
地域との連携を生むプロジェクトなど。
こうした「未来につながる使い方の戦略」を先に決定すると、
会社という船が進むべき方角がはっきりします。
荒れ狂う海原の真っ只中で、船の荷物を降ろすことばかり考えていても、
船は先に進めないのです。

また、戦略は、新たな縁や運を呼び込むきっかけにもなります。

「そういう未来を描くなら、ぜひ応援したい」

「一緒に組んで、新しいことを始めましょう」と手を挙げる人が現れます。

お金を巡らせるには、まずは「使う戦略」からと、覚えておきましょう。

リスクも心配も感じない。よりよく想像する力を養う。

ある事象が起きたときに、それをどうとらえるか。
とらえ方によって、心の模様は変わり、行動も変わり、
迎える未来も変わるものです。

心配や不安は何も生み出しません。
いつもうまくいくとは限りませんし、
予想だにしないトラブルが起きるのが日常です。

だからといって、いちいち反応して振り回されていては、本質を見誤ります。

特に大きなお金を突然失ったりすると、たいていの人は動揺します。
私はほとんど動じません。
生きている限り、なんらかの策はありますし、
お金の先に存在する相手に対して、しっかり向き合えば、
必ずなんらかの解決策は見つけられるものです

悲観もない。がっかりもしない。
「ああ、こんなことが起きちゃった、でも、しょうがないよね」と
前に進むしかないのです。
どうせ前に進むなら、
ガツーンと目から火花が出るくらいの衝撃を受けたほうがいい。
全部失えば、また始めるしかないのですから。
明るい想像をする力さえあれば、大丈夫です。
私はいつもそうやって、ここまで歩いてきました。

10年ごとに、うまれかわる人生。友とのつきあいは長く、ゆるやかに。

10年ごとに住む場所や仕事を変え、新たな自分への「うまれかわり」を重ねてきた私ですが、友人や仲間とのつきあいは長続きするほうです。

いまだに小学校や中学校、高校、大学の同級生とのつきあいは続いていますし、社会に出てから勤めた伊勢丹や鈴屋でお世話になった先輩たちとの縁も途絶えません。

仕事の縁は切れたとしても、人間関係の縁は切れない。
特に「運がいい人」とのつきあいは大切にしています。

つきあいといっても、
だらだらと長い時間をかけて酒を飲みかわすような時間を過ごすのは
意味がないというのが私の考えです。
懇親会の集まりに呼ばれたら、
顔を出して短い近況報告と、一人ひとりに挨拶だけして、30分で帰ります。
大事なのは、心のつながりです。

ふと「彼は最近どうしているかな」と顔が浮かんだら、
さっと電話をかけてみる。
それで十分に、心は通じ合うのではないでしょうか。
お互いに束縛せず、ゆるやかに心を通じ合わせる仲間との縁。
それが人生を豊かにする財の一つです。

2章

徳を積み、自分を向上させるお金の使い方（個人編）

「だから、なんだ？」と問い続ける。正しく生きるためにお金を使う。

稼いだ銭をいかに使うか。
それによって、徳を積むのか、不徳を積むのか。
人生が幸福へと上向くのか、不幸へと転落するのかは、
お金の使い方によって決まるものだと私は信じています。

つまり、何をしたらいいのかと突き詰めていくと、
「正しく生きる」ことに誠実に向き合う。

これに尽きるのではないでしょうか。

今日の行いの一つひとつ、その選択は「正しい」のかどうか、
自分の胸に手を当てて問うのです。

一方で、「正しい」の定義は一つではありません。
私にとっての「正しい」と、あなたにとっての「正しい」はきっと違う。
人の数だけ、そして時と場合、場所によって違う「正」が存在するのです。

今まさに戦争の渦中にある為政者も、
自身にとっての「正」を貫いているに他ならないはずです。

重要なのは、自分にとっての「正」を突き詰めることと、
他人の「正」を理解する心も持ち合わせることでしょう。

無数の「正」が浮遊する世の中で、

自分の「正」を突き詰めることは容易ではありません。

もっと言うならば、昨日の「正」と今日の「正」は微妙に違う。

刻一刻と状況も変わるのだから、違っていいのです。


ですから私は毎日毎日、自分に問い直します。

「だから、なんだ？」

「それで、どうする？」

問いを繰り返すと、枝葉末節が削ぎ落とされ、本当に大事な本質だけが残ります。


この問いの答えが、「手元のお金をどう使うか」を決めるのだと意識を持ち続けたいものです。

自分にとっての「正しく生きる」を表現する方法の一つが、「お金の使い方」。

お金は、人と人の間の価値交換の手段であり、ゆえに巨大な力を持ちます。

だからこそ、自分なりの「正しさ」を反映する意識を持つことが大切なのです。

欲はお金を回す原動力。ただし、過剰な自分のための欲は毒になる。

私たちがより豊かに生きるために欠かせない活力の源、それが「欲」です。

おいしいものを食べたい、遊びたい、いい家に住みたい、素晴らしい出会いや恋愛にも巡り合いたい…。

そうした欲のエネルギーによって、私たちは努力をするし、成長することもできるものでしょう。

欲があるから、人は稼ぐことにも意欲を燃やせる。

いわば欲は生命力の燃料です。

しかしながら、この欲は非常に扱いが難しい。
食べ過ぎ、遊び過ぎ、分不相応な家や車を求める…。
「もっともっと」と欲が過剰になると、人は身を滅ぼします。
過ぎた物欲は、むしろ人を不幸にするのです。

それに、物欲を表に出すと、物欲にまみれた人間を吸い寄せます。
私も若い頃、経験しました。
カルマンギアという少々目立つ車に乗っていた当時、
引っ切りなしに女性が寄ってきたものです。
その様子を見ていた大先輩が、
「こんな車、乗っちゃダメだよ。この車に同乗したがる人は全員、欲の塊。
あなたを利用したいだけだし、あなたへの期待が高過ぎるから、あなたがつらくなる」
とアドバイスをくださったときは、目が覚める思いでした。

年齢を重ね、いろんな人生経験を積んだことで、私は「足るを知る」という言葉の価値を理解できるようになりました。
欲深い人には、欲深い人が寄ってきます。
過剰な欲は身を滅ぼし、人間関係を乱すのだと、
冷静に自分に語りかけられるかどうか。

「必要」な「自欲」を実現するため、
ほどほどのところで満足して、それ以上は求めない。
「必要」と「必要以上」、すなわち欲を見極める心の訓練が、
私たちには常に課せられているのです。

30歳で手にした必要以上の給料は「期待と感謝」を示す表現として活用した。

鈴屋という会社に入った後、もらった給料の額は想像以上でした。
それだけ厚遇してもらえてありがたいなと思うのと同時に、
「さて、どう使おうかな」と思い悩みました。

私自身はどちらかというと節約を楽しむタイプですので（仕事の移動で電車を使うときにも、「どのルートが一番運賃が浮くか？」とゲーム感覚で考えています）、自分で自分のためだけにたくさんのお金を使うイメージが湧きませんでした。

そこで、私がとった方法は何かというと、
貯金でも投資でも買い物でもなく、「気持ちの表現方法の一つとしてお金を活用する」
という使い方でした。

そのときに一番頼りにし、期待をしていたAさんに、給料の一部を分けました。
Aさんは戸惑っていましたが、
「思っていた以上に給与をいただけたから、よかったら活用して」と伝えました。
つまり、私の「期待と感謝」をお金という形にしたかったのです。

その後も、自分で必要以上のお金ができたときには、
Bさん、Cさんにも同様にしていました。

面白いもので、その後の彼らの様子を見ていると、
どんどん身綺麗になる人もいれば、読書量が増える人もいる。

「今は自信をつけるためにお金を使うんだな」

「今は教養を磨きたい時期なのだな」と、
その人のその時点での興味や価値観を知るのにも役立ちました。
30歳のときに意識した「期待と感謝を伝えるためにお金を活用する」という行為は、
経営者・リーダーになった現在の実践にも活用されています。

自分一人、生きるために必要な「暮らしを満たす最少金額」を知る。

「足るを知る人生」を考えるうえで、まず必要なことはなんでしょう。

それは、「どれほどで自分は足るのか」を正確に知ることです。

具体的には、〝いくら〟あれば自分一人で暮らしていけるのかを試算してみることです。


自分一人の暮らしを満たす最少金額は、月々にならしていくらになるのか。

明確に把握できている人は、案外少ないのではないでしょうか。

私の場合、毎月ほどほどの暮らしをするのに十分な金額は多めに見積もって、ひと月30万円。

加えて、家事を助けてもらっているお手伝いさんに支払う額も合わせると、ひと月50万円あれば十分。

つまり、私がふつうに暮らしていくために毎月必要な金額は、「50万円」ということになります。

この数字を把握していれば、

「50万円を超えたお金は、自分以外の誰かに活用してもらえる」と割り切れる。

思い切って、徳を積むための行動ができるわけです。

同時に、「ひと月50万円」と決めた枠を守る努力も大切です。
私の場合は、無駄遣いを防ぐために、
用途別に、必要な額の現金を毎月封筒に入れて管理しています。

封筒に現金を入れるシステムには「自動チャージ機能」は働かないので、無意識の浪費を防げます。

ちなみに日本円ではそれほどのお金を持ち歩かない私ですが、財布には常に何種類かの外国の通貨が残っています。

米ドル、台湾ドル、中国の人民元、タイバーツ、イギリスのポンド、韓国のウォン、シンガポールドルなど。

あちこち住んでいるうちに残ってしまったというのがその理由ですが、一つの国の通貨に依存せず、日本円の資産だけに固執しない価値観にもつながっているかもしれません。

未来の自分を助ける本質的貯金は学び合う仲間づくり。

人生に与えられた時間は有限です。
ゆえに、年をとると周りや社会のことまで考える余裕がなくなる人が多いようです。
また、手元のお金が乏しくなったとき、人は余裕を失います。
実際には、「善い使い方」をすることで徳を積み、
お金はまた巡ってくるものなのですが、
生活をするのに精一杯という状況では

そうした行動にも向きづらくなるでしょう。

すなわち、いつの時代も、老人と貧しい人々は「自分事」だけに
エネルギーとお金を注ぐ。

だからこそ、若く、財力もある人たちの役割は
「未来のために、今日、お金を使うこと」なのです。
具体的には、未来志向で共に学ぶ仲間づくりにエネルギーを注ぐことです。
学ぶ仲間こそが、未来の自分を助ける本質的な貯金となるはずです。

そうした場づくりの一助になればと、半年程前から始めたのが
「中野塾」という私塾です。私の経験から伝えられる
「生きるキーワード」や「ビジネスのキーワード」をもとに、
自由闊達に意見を交わし合う場を、若い人たちに提供する。
私一人の今回の人生だけでは成し得ない夢の種まき。
妄想ではなく、現実にするための耕作です。
これも私ができる「未来づくり」だと思っています。

「お貸しする」でなく、「さしあげる」。幸せのために、縁ある人に使ってもらえることに感謝する。

お金の貸し借りに関しては、私は自分なりの考えを持っています。

今すぐまとまったお金が必要で困っている知人から相談を受けたら、私がすぐに用意できるお金を渡します。

「お貸しする」ことはしません。

「さしあげますから、返さなくていい」と言って渡します。

御礼の言葉はむしろ私から言いたい。
なぜなら、
今すぐ必要としている人に使ってもらったほうが
お金は〝より感謝につながり生きる〟はずだからです。

お金というのは、特定の誰かが所有して独占できるものではなく、
流れていくものです。

「さしあげる」で手持ちの金額は一時的に減るかもしれませんが、
自分一人が今不自由なく生きていけるだけの金額が残れば、それで十分です。

そして、お金をさしあげた後はさっぱり忘れる。
もう自分の手元を離れたお金には執着しない。

確実に死ぬまで残る資産はお金ではありません。
「縁ある人」こそが資産であり、大切にすべき財産です。

そのような人に喜んでいただけたら
「ちょっといいことできたかな」と…。
相手も自分もハッピーです。

主婦だって稼いでいる。妻・夫は関係なく、稼げるほうが稼げばいい。

知人との暮らしのお話の中で、
「私は主婦だから、あまり稼いでいないんです」と身を小さくする人がいます。
私は「そんなことありませんよ」と伝えます。

生活を続けるうえで必要な要素は「家外からお金を稼ぐ」だけではありません。
家を清潔に整え、家族の食事をつくる家事も重要な労働であり、
何人もの人生を支えているのです。

実際のところ、私は一人暮らしの生活を快適に維持するために、洗濯や買い物など毎日の家事の大部分を、信頼するお手伝いさんにお願いしています。もちろん、お願いした分のお金は毎月お支払いしていますが、その金額は私一人の1カ月分の基本的生活コストとほぼ同額です。

ということは、「夫（妻）は稼ぎ、妻（夫）は家事をする」という形態での専業主婦（夫）の〝実質的な稼ぎ〟も、相当のものになるはずです。

本来は支払わなければならなかった出費が意識されていないというだけなのです。

あらためて言うまでもないでしょうが、「男は稼ぎ、女は子を産み家を守る」という昔ながらの慣習にとらわれるのはやめたほうがいい。

もっとシンプルに「稼ぎたいほうが稼げばいい」と考え、「男だから」「女だから」という考えは捨てて役割分担と考えたほうが、生活設計の考え方も柔軟になります。

私の周りにも優秀でたくさん稼ぐ女性は数多くいますので、ごく自然な事実として受け止めています。また、共稼ぎというスタイルも当たり前だと感じています。

キャッシュレスではなく現金派。「使う実感」が感謝を生む。

今、世の中は急速にキャッシュレス社会へと進んでいます。

お金を一瞬たりとも触らずに、ピッとスマートフォンの画面をかざすだけで「支払った」ことになるシステムというのは、たしかに便利かもしれません。

しかし、弊害も大きいというのが私の意見です。

まず、「お金を使った」という実感を持ちにくい。

ゆえに、いつの間にか必要以上にお金を使い過ぎることになる。

「自動チャージ」や「リボ払い」は特に危険です。
キャッシュレス決済に慣れ過ぎた社会人に、
お金の勘定ができるのだろうかと少々心配です。

浪費のリスク以上に私が懸念するのは、人に対する「感謝」が薄れることの弊害です。
「大切なお金を、商品やサービスの代わりに渡す」という価値交換の行為を、
ピッという機械音だけで済ませるのは、
人間同士の接点を減少させていると感じてしまいます。

関連して、「老後のための資産づくり」として
にわかに注目を集めた運用についても、
給料から「天引き」で済まそうとするのはおすすめしません。
運用、つまり投資とは、本来、その都度に明確な〝意志〟を持って行うべきですが、
天引きで毎月自動で完了するとなると、その瞬間の意志がなにも反映されません。
私は投資は、自分で考えて選んだ相手（個人や会社）にしか実行したことがありません。

コンビニで買い物をする。
老後のために投資する。
そうした一つひとつのお金の行為に、
瞬間瞬間の自分の意志をきちんと反映できているか。
意志が見えるお金の使い方ができれば、
より一層「生きている」感覚が得られます。

財布はお金の「家」。不浄を清める長財布の中身。

「現金主義者」の私にとって、現金を持ち歩くための「財布」はとても大切な、こだわるべき道具です。

財布にもいろんな形、大きさ、デザインがありますが、なんでもいいというわけではなく、自分にとって最適のものを選ぶべきです。私の場合は、シンプルで丈夫な素材の長財布を大切に使っています。

二つ折りのタイプではなく、長財布を選ぶ理由は、お札を折らずにきれいなまま、しまえるからです。お札は同じ方向に揃えて、1枚1枚丁寧にしまいます。なお、長財布はお札専用で、小銭は小銭入れにと使い分けています。

財布は単なる「いれもの」ではありません。お金にとって、財布は「家」のようなものですから、財布はいつでも清潔に保つことが重要です。また、お札はいろんな人の手に渡る間に、さまざまな不浄のものが付着し、本来のパワーを失ってしまいます。

自分が使うまでに、不浄を断つ〝リセット〟をすることで、お金の巡りがよくなるものと信じています。具体的には、できるだけ使う前に新札に両替して、縁起のいい御守りと一緒に入れて「清め」ます。

意識を向けて大切に使っていると、
財布を落としたり、タクシーの座席に置き忘れたりして
なくすこともありません。

物理的なお金を大切に扱うということは、
お金の使い方そのものに大きく影響すると私は確信しています。

長いものに巻かれるな。「遠く感じる地域に投資する」が流儀。

投資に関連して、私が気になるのは、どうも日本人は「流行りもの」に弱いということです。

米国株が儲かると聞けば一斉に買い、国がNISAの一大キャンペーンを張ればすぐに流される。

ちゃんと自分で考えたうえでならいいのですが、「なんか皆がやっているから、流行っているみたいだから」という理由だけなら、非常に危険です。

私がやや敏感に反応するのは、
戦後の記憶を鮮明に受け継いでいる世代だからかもしれません。
日本が戦争に負けた後、昭和26年頃までに何が起きたか。
それまでさんざん「お国のために」と大勢が買った国債が
全部紙切れになったそうです。
私はまだ小さな子どもでしたが、それまで1円で大きな飴玉が2つ買えたのが、
あれよあれよという間に、10円で4つしか買えなくなった。
20個買えたはずが、たった4つです。

では、何を信じて投資したらいいいの？

私の流儀を明かすと、
とにかく「遠く感じている地域」の「貧しい」ところに投資する。
国内のような近所ではなく、はるか遠くの異国、
それもうんと貧しいところへ投資するようにしています。

理由は二つあって、一つは、貧しいということは「成長するポテンシャルがある」ということ。これは、リスクが高いということではありません。

そもそも日本や先進国だけではなく、遠く感じる国や地域にすることで、少額分散投資のメリットを享受できます。

もう一つは、貧しい国や地域では円の価値が高いからです。

よって、少額でも感謝の心も大きくなります。

日本では本100冊程度にしかならない10万円が、アジアの貧しい国や地域に送れば家が一軒建ったり、子どもが1年間学校に行けたりする。

投資対効果がまるで違ってくるのです。

企業創生もしかり…です。

自分の手元にあるお金の価値を最大にするには、どこに使ったらいいのか。

周りに流されるのではなく、一度よく考えてから、その行き先を定めたいものです。

初めて寄付をしたのは27歳。以来、50年以上続ける教育支援。

先ほど「投資」についての考えを述べましたが、実際の行動としては「寄付」という形でも応援を続けています。

始まりは27歳の頃、会社を辞めて遊びに行ったフィリピンで見た風景がきっかけでした。観光地からさらに船を乗り継いで小さな島に降り立ってみると、そこには想像を超えた貧しい世界が広がっていました。

現地の人は話してみるとみんな悪い人ではないのに、
治安が悪く、子どもも犯罪に手を染めている。

なんでそうなってしまうのかと考えてみると、やはり原因は「貧困」です。
では貧しさから脱する方法は何か。
それは「教育」しかないと、私は思いました。

学校に行けない子どもたちのうち、せめて何人かでも教育を受けて、
仕事を得ることができれば、この風景は変わるのではないか。

当時の私の給料は月15万円ほど。
大学を出てすぐにもらった初任給が1万9000円ほどでしたから、
この年齢にしては十分過ぎるほどもらえていました。
うち5万円を、現地の知人に渡して、
「このお金を使って、子どもたちを大学に行かせてください」とお願いしました。

現地の学校や団体に寄付することも考えましたが、
正しく使われないリスクが予見できたので、
「信頼できる人に託す」という方法をとったのです。
「誰にいくら使ったという報告もいらない。あなたを信じています」と。

同じお金を日本の恵まれない子どもたちのために寄付することもできますが、
毎月5万円でできる価値の違いを考えると、
私は「遠く貧しい島の子どもたち」のために使うと決めたのでした。

お金を必要としている人は世界中にいますが、
「より深刻に困っている人」に
お金を活用していただくべきだというのが
私の考えです。

あれから50年以上が経ちますが、
寄付を続けています。

大学まで進んだ子どもの数は500人かそれ以上でしょうか。
寄付を受けた人から感謝の言葉を聞きたいと思ったことはありません。
彼らに伝えるならば、
「私に気持ちよくお金を使わせてくれてありがとう」です。

レジで支払うときに「ありがとう」。必要なものを買えることに感謝を。

お店でお客様が横柄な態度をとって迷惑行為をする「カスハラ」が社会問題になっているようです。
私にはまったく理解できない行為です。

そもそも、モノやコトをお金で買うのは、「自分の力では作れないモノやコトを、お金を払って分けていただく」という目的に立つのではないでしょうか。

夏の暑い日、「ああ、のどが渇いた」と立ち寄ったコンビニで、よく冷えたお茶のペットボトルを1本、百数十円ですぐに買える。こんなにありがたいことはないはずです。

作ってくれてありがとう。
運んでくれてありがとう。
笑顔と共に売ってくれてありがとう。

ちょっと想像力を働かせれば、自然と感謝の言葉が出るはずです。

お店で買い物をするときに、店員から「ありがとうございます」と言われるままに黙って店を出るのは、美しいとは思えません。

外国にはチップの習慣があるので、感謝の気持ちをお金で表明できるのですが、日本には、そのような習慣はありません。
ならばせめて「言葉と笑顔」で。

「こちらこそ、ありがとうございます」と言いましょう。

心でたしかに感じれば、お互い自然に
感謝の行動へとつながるはずです。
さらに、ほっとする瞬間を楽しめるでしょう。

子どもにお金は遺さない。「より善く生きる」ために使い切る。

お金は人を幸せにするためにこそ使うべきで、結果的に人を縛ることになってしまうように使うべきではない、というのが私の考えです。

また、お金を出すときは「役に立ててうれしい」という心からの喜びが伴ってこそ、そのお金がピカピカと生きる。

義務や押しつけ、見返りの感情が伴っては、せっかくのお金が死んでしまいます。ましてや「これだけ渡しているのだから、よろしく頼む…」と念を込めるようでは、それまで培った人間関係まで歪めることになるでしょう。

わが子に対しても同じで、子どもたちには前々から「お金は一円も遺さないよ」という話をしています。なぜなら、遺産というものは額に限らず多くの場合、諍《いさか》いのもとになるからです。

きょうだい仲良くやっていたのに、親の遺産が原因で断絶してしまった例を、少なからず見てきました。むしろ何も遺さないほうが、彼らを不幸にしないだろうと考えるに至りました。

お金に限らず、「親だからといって、何かしなければと義務を背負ってしまったように考えなくていい。私は私で勝手に元気でやっているから、君たちも勝手にやってくれたらいい」と伝えています。

仕事の話を聞き出すこともしないし、孫の顔を見せてとせがむこともしません。
特に問題なくうまくいっている様子を風の噂で聞く程度がちょうどいい。

かといって疎遠というわけでもなく、
私は子どもたちと
「こんな生き方や死に方がいい」「こんな仕事をしていきたい」という会話を
電話などでよく交わします。

そんな会話の連なりが、一つの物語となって子や孫の心に残れば、
それで十分だと感じるのです。

子孫に残さない分、手元のお金を何に使うのかというと、
いつまでも元気に仕事を楽しむための健康維持のためのお金。
自分では行き届かないさまざまな用事をサポートしてもらうためのお金。
仕事や生活で力を借りている方々に感謝を伝えるためのお金。

「今」の充実のためにお金をしっかりと使えば、
子どもたちに要らぬ心配をかけなくて済みます。
むしろ生活の不安は消えます。

「いつか」のために大金をしまい込んでおくなんて、もってのほか。
それは、お金ではなく「銭」です。
明日、何が起こるか分からない世の中で、
「未来」ほど不確定で不安を増大させるものはありません。
年を重ねてこそ、お金は「今」のために使うべきでしょう。

3章

徳を積み、ビジネスを
成果あるものにする
お金の使い方（経営編）

自分一人では何もできない。無力で無知な自分を知ることでチームが生まれる。

ビジネスを成功させる強いリーダーの条件とはなんでしょうか。
もしも私が問われたら、「弱さと欠点を自覚すること」だと答えます。
なんでも器用にこなせる有能な人ほど、自分の力を過信しがちですが、
たった一人の人間ができることなんて、たかが知れています。
周りを見渡せば、
いつもものごとがうまくいって成功している人はいるかもしれませんが、

それも運や縁のおかげであって、本人の実力は10％程度です。

私がいつも思いつきをすぐに実現できるのも、周りで拾ってすぐに動いてくれる仲間がいるからです。人前では堂々としているように見えるかもしれませんが、家に帰って一人になれば情けない人間です。

2018年にドイツのモンブラン国際文化賞をいただいたときも、個人ではなく法人としての受賞の形で、チームを讃えていただくようにお願いをしました。

それまでこの賞は、個人に授与されてきました。日本人ではオノ・ヨーコさんや小澤征爾さんなどが受賞されています。そのため、チームでの受賞は異例の扱いだったようですが、栄えある舞台で私を助けてくれた仲間が拍手を受けて誇らしい顔をしている様子が、私はとてもうれしかった。

忘れてはいけないのは、
運や縁や恵みというものは〝目には見えない〟という事実です。
目には見えないものを理解する努力は、欠かしてはいけないと私は思います。
謙虚でいようと気を張る必要はなく、ただ単純に、無力で無知な自分を知って、
見えない力に感謝する。

すると自然と、周りに人が集まってくれて、
少しずつ力を貸してくれるようになるのです。
その人たちとのつながりが、やがてチームとなって、
事業で大きなことを成し遂げることも可能にします。

つまり、自分の弱さと欠点を知っているリーダーこそ、
強いチームを生むチャンスを秘めている。
だから私は、自分の弱さと欠点を隠さず、
いつでも役割を分担してもらえる関係を築く努力を続けたいと思います。

給料とは、チームで稼いだ収入を、常にありがとうの気持ちを乗せて分配すること。

自分と仲間、サポートしてくれた多くの方々やお客様に対し感謝を込めて、そして「役割を分担してくれてありがとう」という意識をもって、皆で稼いだ分から分配しているのが給料だと考えています。あげるのではなく、分配しているのです。

成果給より「期待給」。人は期待し合ってこそ、伸びる。

世の中にはいろいろな給与の形態がありますが、
私たちが取り入れているのは「期待給」という考え方です。
よくあるのは、仕事の成果に応じて金額を決める「成果給」ですが、
「期待給」とは仕事をする前に発生するお金です。

「私たちは、あなたにはこれだけ期待していますよ」と、
期待を金額で表して先に分配してしまうのです。

正直に言って、人の成績を金額で測ることは難しい。
正確に判断できる自信もありません。
その点、お互いの期待をお金で表現するのは簡単です。
私のようなリーダーもチームパートナーたちも
「いい意味で緊張感が生まれて、前向きになれます」ので、
なかなか良いシステムだと思っています。

それに、人は人から期待をかけられるとうれしいものです。
喜びを生むお金の使い方ならば、きっと正しいのではないかと感じています。

月々の報酬は受け取らない。自分の責任で、意思決定をしたいから。

社長やCEO、部門のトップという立場で声をかけていただき、
経営を任されるようになって、
もう45年以上が経ちました。

依頼を受けるときに決めているのが
「月や年単位での報酬は受け取らない」というマイルールです。
他人にそれを強要することはしませんが、私にとっては無報酬が一番やりやすい。

自分が好きで引き受けたのだから、自分の責任ですべてを引き受けたいのです。

「じゃあ、中野さんはどうやって生計を立てているの?」と不思議に思われるかもしれませんが、一言でいえば「人の情」です。

これは冗談のようで半分は本当で、「お金を受け取っていない」ということを知っている人たちは皆、一生懸命、私をサポートしてくれます。

月々必要以上と感じるような高い報酬をもらっているリーダーよりも、無報酬のリーダーのほうが、チームメンバーは「より多くの役割を分担し、引き受けてあげようか」という気持ちになるのではないでしょうか…。

最近の35年間、海外や日本において私の収入の大部分は、成果報酬です。傾きかけた会社の経営を引き受けるときにその会社の株を買い、革命の成果を出して株の値打ちを高め、自分の役割を終えたときに売却する。不動産と同じで、「会社の価値を上げる」ことで利益を分配してもらうのです。だいたい10年に一度、まとまったお金が入るサイクルです。

金額が大きい寄付なども、このサイクルに合わせています。

民事再生法で会社を創生。会社という箱を捨て、守り抜いたもの。

会社の価値を高めて報酬を得るという方式は、いつもうまくいくとは限りません。

4年ほど前にCEOを引き受けたある会社に関して、最後は民事再生法の制度を使って会社を創生するという決断をしたため、初期の頃、私が用立てた数億円は戻ってきませんでした。

個人としては大きな損失と思われるかもしれませんが、

それはそれで、私にとっては大きな学びになったと考えています。

「もっとお金があれば、今応援したいあの活動に500万円程の寄付ができるのに」と残念に思うこともありますが、この一連の経験は、私の日頃の「不徳」を正すためのお金の使い方だったのだと受け止めています。

むしろ、これくらいでカルマを解消、徳を積めるのならば、ありがたいと感謝しています。

この一件で、私はさまざまな学びを得ました。
一つには、「民事再生法を申請する」という決定に対し、ネガティブな反応を示す人があまりにも多いという事実を知ったこと。
中には「会社を潰しちゃったの？」と言ってきた友人もいましたが、金融機関、社員、お取引先、周囲の方々に迷惑をかけて、破産してしまったと勘違いしていたようです。

民事再生法は、日本の国が認めた正当な「再生」のための制度です。
この制度を利用することで、私は法に則って適切に不採算部門の整理をし、創業家が守り続けた風光明媚な自然資産や従業員の生活、お取引先との信用に傷をつけることなく
公平性の下に会社を守り切ることができました。
最善結果到来です。

土地建物を買ってくれた海外の事業会社との間に「土地建物の管理運営は任せる」という条件が成立したため、会社に愛着のある従業員たちは、これまでと変わらず仕事を継続できています。

そもそも、私が経営を引き継いだ時点で、負債は120億円あったのに対し、年間の利益は1・5億円という状態でした。
100年かけても自力で再生できないことは明白で、人間で例えるなら「延命措置」で生き延びているような状態の会社でした。

まさに沈みかけている船。
このままでは皆が突然の不幸の中、苦しみの中に放り出されます。
創業家にとっては心情的に難しい「やめる」という決断を、
私は代わりに引き受ける覚悟でした。

以後3年ほどかけて、あらゆるケースを想定し、すべてのステークホルダーにとって
公平で最適な形を創るための準備を私は行ってきました。

著名な温泉の街全体を巻き込んで
付加価値を上げる新たなイベントやサービスを立ち上げたり、
自治体と連携して周辺のエリア開発提案にも着手したり、
これからも地域創生の活動は
「サグラダ・ファミリア」のように、多くの有志に引き継がれています。

一方で、金融機関とも交渉を続け、
「慎重に様々なステップを踏みながらタイミングを見極め、申請へと至った」のです。

従業員に対してはすべて逐一、状況報告を共有していたので、社内の受け止めも冷静でした。

二つ目に会社は単なる「箱」ですが、大事にしたいのは関わってきた「人」です。私の最大の学びは、この流れの中で起こった人々の心の動きです。

もちろん、ご心配やご迷惑をおかけした先には心を込めて向き合ったつもりです。創業以来、500名（社）以上に膨れ上がっていた債権者一人ひとりをお訪ねして説明をし、公平な形で一律にお金を返還しました。

損をさせてしまった債権者も一部いましたが、その大半はしっかりとした企業でしたので、「気にしないでいいですよ」という返答もいただけました。

金融機関からはシビアな提示がくることもありますが、「冷静に話し合って、妥協点を見出せばいい」というのが私のスタンスです。金融機関にとって債権の回収はあくまでビジネスであり、個人の命をとられることはありません。
私流の勝手な前提として、
金融機関は最終的には我々の税によって守られている部分もありますので、
背負い切れない責任を感じ過ぎることもないのです。

話が長くなりましたが、私が経営者の方々にお伝えしたいのは、
企業という「箱」に固執せず、中で生活している人々に焦点を絞る意識を持てば、
さまざまな選択肢があるということです。
法律をよく勉強し、いろいろな制度を活用する知恵を持つことも、
リーダーの役目でしょう。

ピンチのときこそ、経営者の知恵と胆力が問われます。
日本でも「敗者復活」の仕組みがあることを知り、よく勉強し、
経営に活かしましょう。
それが、多くの人の生活と人生を預かるリーダーの責務だと私は思います。

自分でよく観察して、違和感を察知する。現場の空気感を制すれば、リスクを抑えられる。

経営の勘定はシンプルに、お客様と共に気持ちの良い空気感の中で収入を増やして、無駄な支出を減らすことに尽きます。

しかし、気づかないうちに暗い空気が立ち込める現場になってしまって、経営を揺るがす事態に…

というリスクに発展するケースも少なくありません。

つまり、リスクを抑える一歩目の行動は「気づくこと」。

そして、気づくためには「現場をよく見ること」です。

具体的には、日頃からよく歩き、目に映る世界をよく観察することです。

社長やリーダーだからといって、個室にこもるなんてナンセンスです。

私は、普段は現場をふらふらふらうろうろしています。

歩かないと気づかないかもしれませんが、

毎日のように社内を歩いていると、

ふとした隙によぎる〝現場の空気の気持ち悪さ〟に敏感になれます。

特に、暗いよどみのようなものを感じたら要注意です。

「空気感が気分良い感じがしない、楽しくない」と察知したら、立ち止まって観察し、

必要ならばそこにいる人に声をかけます。

不思議なことに予感は当たるものです。

こうして早めに危険を察知することができれば、早めに対処でき、

未実現利益の損害を抑えることができます。

リーダーが感じる力を磨かなければいけない理由は、ここにもあります。

同じ理由で、私のチームに新人を迎え入れたときに、
「電話でお話しタイム」を3～6カ月ほど続けるようにしています。
一人当たり毎日30分、長いときは1時間くらい、仕事を終えてリラックスしている
夜の時間に、休日以外は毎日、電話で会話をするのです。
業務の話は一切聞かず、「今日は何か面白いことあった?」「へぇ、そうなんだ…」と
私は聞き役に徹して、その人の関心と感性を知ることが目的です。

仕事に限らず人生全般における「好き・嫌い」や「楽しい・つらい」を知れば、
一人ひとりが元来持つ〝本質〟のようなものが見えてきます。
まわりまわってチーム全体のベクトルを揃えるチューニングにもつながっていく。
何より、私自身が楽しい。
報告ではない「小さくてもやれそうなことを知る」ための時間を、
経営者は多く持つべきだと思います。
そして、すぐやってみて「学び」に活かしましょう。

やめる決断こそ重要。3年以上の「大げさな事業計画」は要らない。

起業ブームもあって、ビジネスを始める人は増えているようです。
始めるときには一気に進めるのが鉄則です。
小さなことから資本金を集めてスタートしましょう。
私は「借金をするための計画は悪」という考えです。
なぜなら、そんな計画は固執することが多く、先送りの原因になるからです。

今日できることを、
「これは来年にやる予定だから…」とすることに、意味はあるでしょうか。

3年、5年先までの計画を守ることに熱心になり過ぎては本末転倒。
マーケットは変化しています。
途中でせっかく素晴らしいアイデアが生まれたとしても、ものになりません。

ビジネスはすべて時の巡り合わせで成り立つものです。
「今だ！」と直感したときに一気にやって、
ある程度まで形になるものだけが、ホンモノではないでしょうか。
3年以上だらだらと続けて結果が出ないプロジェクトは、
もはやビジネスとして成立しません。

もともと無理なのに、
「お前の頑張りが足りないからだ」
「もうちょっと続けてみたらなんとかなるかもしれない」と

無理やり延命するのは、かかわる人たちが気の毒です。

さっさとやめて、次の新しいことへと切り替えるべきです。


私が一番信用できると思うのは「目の前の結果」です。

小さな成果の積み重ねです。

目の前のさまざまな制約を乗り越えて形になっている仕事は、すなわち「正しい」という証明だろうと考えます。


「ここまでやってきたのだから、気合いと根性でやり切ろう」と足並みを揃えた結果がどうなるか。

歴史からの学びを活かそうではありませんか。

「知る」より「学ぶ」。すぐに動く力が、稼ぐ力になる。

仕事で成果を出して稼ぐ人と稼げない人。
この違いは「気づく力」です。
そして気づいた後に「反応する力」。
私のチームにはよく伝えていることですが、
気づいた後には〝すぐ〟動く意識が重要です。
なぜなら、刻一刻と、状況は動き、流れていくからです。

ぼーっと眺めている間に手遅れになってしまいます。
動いてみると、必ず何かしらの手ごたえがあるもので、
「うまくいきそうだから続けてみよう」、あるいは
「思った以上に難しいから、すぐやめよう」という判断ができます。
これが「学び」です。
頭でっかちな「知識」と、本質的に役立つ「学び」の違いはここにあります。
学びを多く吸収できる人ほど、実践に役立つ力が鍛えられ、
「稼ぐ力」にもつながるのです。

強調したいのは、
自分たちの力不足やタイムリーではなかった、と気づいた決断と行動を
「やめる」ことは、無駄ではないという点です。
やめる判断ができるほどの経験ができたことが、
何にも代えがたい学びです。
反省や後悔は時間の無駄です。
学んだことを自信にかえて、次へ進みましょう。

悩める若き経営者に伝えた「捨てるべき二つのこと」。

最近、ある経営者が悲愴な顔で悩みを打ち明けてきました。
「自分の代で会社が潰れてしまいそうだ。どう経営したらいいか分からない」

事情を聞き、私が伝えたアドバイスはこのようなものでした。

「なんともならない会社は少ないから、しっかりと行動すれば「創生」は必ずできる。ただし、捨てなければならないものが二つある。

一つは執着。過去に積み上げたものや現在手にしているものに対しての執着をさっぱり捨ててください。

もう一つは嫉妬。

他人に対する嫉妬や比較、社会に対する気後れも一切捨てなければ、「創生」の道には進めない」

「執着と嫉妬を捨てることができたら、あとはたとえ一人になってでも、創生を始めれば自分の道を貫くだけだ。誰かの真似をしてはいけない。舗装された道ではなく、獣道を進んでください。

自分なりの道を、自分なりの歩き方で進むことが稼ぎにもつながる。

なぜなら、あなたの前には誰もいないからです」

自分が何をしていいのかわからないときは、

「やりたいことがある人」を全力でサポートしましょう。

うまくいかなかったとしても、それはすべて自分のせい。

30数年前、台湾に行きたての頃、日本で事業を立ち上げ、大失敗をしました。
私は台湾ベースで動き始めたばかりだったこともあり、
日本の事情を責任者に任せっぱなしにしてしまった私の責任です。
6000万円ほどの損失を出し、直後から負債の対策に追われましたが、
会計上の処理で解決できる部分は解決し、あとは誠意を尽くすしかありません。

迷惑をかけた会社は、

前職の鈴屋時代からお世話になっていた、東京に本社があるお得意先でした。
申し訳ない気持ちでいっぱいで、月に1回、台湾から東京に通い、
少しでも払えるお金を払いました。
返し終わるまで毎月通い続けるつもりでしたが
あるとき、「もう来なくていいですよ」と言われました。

それでも再び訪問したら、
「中野さん、毎月わざわざありがとうございます。
でも、このようなことで、こうして毎月約束するのもお互い大変ですから、
本当にもういいんです」と。
「そうですか」と引き下がろうとしたら、
「ところで今夜は空いていますか？」と聞いてくるのです。
なんと、私を囲んでの「感謝の会」を開催してくれるというのです。
「中野さん、鈴屋を辞めてすぐに台湾に行ってしまったので、
送別会もできませんでしたよね。遅くなりましたが、今夜ぜひ」
案内された店に行くと、30人以上の人が集まって、笑顔で私を迎えてくれました。

「ありがとうございます。皆さんにはすごく損をさせて迷惑をかけてしまったのに、こんな会まで開いてもらって申し訳ない」と謝ると、幹事役の旧知の担当者が首を振って笑ってくれました。

「いいえ。私らも中野さんが取引を始めてくれたことで、ずいぶんと良い仕事をさせてもらい勉強になりましたから。大丈夫です」

以後もつきあいは続き、時々会っては近況を報告しています。

人間関係というものは、仕事で密に関わり合う時期よりも、その後のほうが人生を豊かにするのかもしれません。

そして、その豊かさを育むうえで、うまくいかなかったときの「お金」に対する姿勢も大切になるのでしょう。良い学びになりました。

雑念を払い、曇りのない心で
ただ感じる。
すると、答えが見える。

14年ほど前、寺田倉庫在任中に天王洲エリアのリバイバルプランをオーナーの寺田保信さんと一緒に推進したことがありました。

「倉庫ビジネスのイノベーション」としてメディアからもずいぶんご注目をいただき、「なぜそんなに斬新な発想が浮かぶのか？」という質問を何度も受けました。

私の発想は、内側から湧き出るものではありません。

向き合うべき対象をじっと観察し、それが本来持つ価値はどこにあるのかを、まっさらな心の目で探るのです。

目だけでなく、耳で、肌で、全身で感じます。


このとき、じゃまになるのは、過去の実績や現在の実像です。

雑念を取り払って、ゼロから感じてみる意識が大切です。


例えば運河に面した天王洲の敷地に立ち、運河からの風を感じながら、「古くからの友人である寺田保信さんが〝ずっと長い間、何かを感じている〟この場所が持つ心地よさを、そのまま価値にしよう」と直感しました。

レストランを充実させ、倉庫の壁面に絵を描くアーティストを呼び、景観を守るために、自治体と交渉して電柱を地下に埋める工事もしました。

アートとの接点を広げ、富裕層がアートコレクションを保管できるサービスを始めるなど、独自の付加価値を磨いた結果、業績は回復していきました。

若い頃、海外で働いたときにも、
とにかく「直感」を大事にしていました。

例えば、新人の頃、百貨店としては後発の伊勢丹が、
老舗で多店舗を持つ駅にも近い三越に勝つには何が必要なのか？
同じブランドを置くだけでは負けるに決まっている、と感じていました。
若者、バカ者、新人でなんの力もなく、5年目には退社してしまった私は
なんの役にも立っていませんが…
その後の伊勢丹は発想を転換し、
個性的な展開や新しいデザイナーブランドを展開する戦略に舵を切ってから、
素晴らしい変化を遂げました。
その後の伊勢丹はご承知のとおりです。
少しでも縁があったことを誇りに思います。

過去にやってきたことや、すでに形になっているもの。
近くで成功している誰かの手本。

雑念となる残像は無数にあります。
常識や固定観念にとらわれず、曇りのない透明な心で感じる。

細かい出来事に気づき、そこに意識を向け続けると、
きっとハッとする発想が生まれると思います。
そして発想は、やらなければ単なる思いつきでしかありません。
やってみて、学びながら、発想は日が当たるところに登場します。

数字を味方にせよ。
ただし、頼り過ぎるのは禁物。

会社で一緒に働く若い仲間たちには、「簿記を勉強しなさい」と伝えています。
ビジネスを動かすための基礎知識として、会計の数字を読み解く力は必須だからです。
私自身も、鈴屋に入社することになったのを機に、
一生懸命勉強をしました。

もともと数字の記憶力は高く、
10年分くらいのPL（損益計算書）の流れは頭に入っています。

経営で大事なのは数字の「流れ」なので、
数年単位での変化を読み解くことが重要です。

一方で、「数字を信用し過ぎてはいけない」ということも伝えています。
なぜなら手元にある数字はあくまで実績の記録であり、過去のデータに他なりません。
近頃は便利なＡＩの活用も盛んですが、
ＡＩが弾き出す未来予測や分析の根拠になっているものも過去のデータ。
つまり、過去の延長線上でしか語られないものであり、
アイデアの参考にするには非常に限られた情報になります。

私の感覚では、「未来」は予測可能なものではなく、
目の前にある、対応しなければならないことに集中しているある日、
突然バーン！と風景を変えてしまうようなもの。

ものごとの始まりは、
突然変異的にいきなり姿を変えた可能性だってゼロではないと思うのです。

地球や太陽の誕生だって同じです。
ＡＩに対抗できるのは、不完全で60点しか取れない人間です。
宇宙の成り立ちの神秘を思えば、経営の進化もまた非連続的であるのが自然です。
ＡＩ時代にこそ、「簿記」と「感性」の両輪を回していきましょう。

入るを量り、出るを制す。現場で生きる「簿記と感性」と「財布感覚」。

「簿記と感性」のバランス感覚について、もう少し具体的に話をしましょう。

私ができるだけ現場に行って五感を使ってよく観察していることはすでに述べましたが、そのときに意識しているのが「数字との突き合わせ」です。


毎日持ち歩いている財布にいくら入っているかを把握するのと同じで、会社の数字についても最新のものが常に頭に入っています。

そのうえで、現場を見たときに感じる違和感があれば見逃さないようにしています。

数字と現場はほぼ一致するものですが、
稀に「数字では問題なさそうだったのに、実際にはこれなの？」と
現場で空気感のギャップに気づくことがあるのです。

つい1年ほど前にも、ある事業の現場を見にいったときに違和感を抱きました。

数字上では黒字だったのですが、現場を見ると少しおかしい。

「数字をとりつくろっていない？」

「そんなことはないはずですが…」

「そうかな。私には3000万くらいの赤字が出ているように見えるけれどね。

念のため調べてください」

その日の夜、慌てた様子で電話がかかってきました。

「中野さんのおっしゃるとおりでした！

たしかに3500万円の赤字が出ていました」


ほぼ正確な数字をなぜ言い当てることができたのか、いたって単純な話です。

何人くらいの従業員が働いているのか、コストは月々どれくらいなのか、

お客様は月に何人くらい入っていて、
使っていただくお金の平均値はどれくらいなのか。
足し算と引き算と掛け算だけで済む算用です。

自分の財布の中身と同じように、会社の部門収支を頭に入れておけば、
現場で感じた印象、空気感とのズレにもすぐに気づくことができます。

商売の基本は、江戸時代から変わらない「入るを量り、出るを制す」。
シンプルに考えることが、答えを導く最短の方法だと思います。

顧客は「機能」を買い、ファンは「意味」を買う。

かつて、経営学者のドラッカーは「顧客を見よ」と説きました。

しかし、「顧客の時代」は終わったと私は感じています。

今は、顧客ではなく「ファン」の時代。

モノが十分に供給されていなかった時代には、モノを欲する顧客に対し、〝機能〟をアピールして顧客の数を増やすのがビジネスの成功につながりました。

時は過ぎ、ひととおりの機能が揃ったモノが隅々にまで行き渡った時代に、私たちは生きています。
人々は、モノに機能だけではなく〝自分だけが理解できる満足感〟を求めるようになったのです。

心や感性への満足感でつながったストーリーです。

デキゴトを通じて、自分自身が感じる意味を見出すことを希望している人が増えているのかもしれません。

また、原価を算出しやすい機能で勝負することはやがて価格競争につながりますが、満足感や誇りにつながるストーリーで勝負すれば価格競争とは無縁です。
「頑張ってお金を払ってでも求める豊かさや幸せ感、満足感とはなんなのか?」
この問いについて考え続けることが、これからのビジネスには欠かせないはずです。

万人向けのセーターを100枚売るより、10倍の価値のセーターを10枚売りたい。

お金をたくさん稼ぎたいときに、
多くの人は「たくさんの人に売ればいい」と発想するのではないでしょうか。
しかし、実は万人受けするものの価値、皆と同じモノという
安心感の上に立った価値は長続きしません。
広く浅く受け取られた価値は、あっという間に飽きられてしまいます。
狭く深く届く価値のほうがずっと強いのです。

「大きい」「多い」という規模の原理だけで成功を語るのも間違っています。
1日50人分しか作れないけれど、
「ここのおばあちゃんが作るお団子じゃないとダメなの」と
熱烈なファンの行列が絶えない、街角の小さな和菓子屋さん。
そんな「小さくて強い商売」がよいお手本です。

アパレル業界にいた頃、「無難なデザインのセーターを100枚売るよりも、
どこにもないユニークなデザインのセーターを10枚売りたい」と考えていました。
どこにもないものを作って売れるほうがうれしいし、楽しい気持ちになりませんか。
10倍の値段をつければ、売り上げは100枚売るのと同じです。
原材料原価率も下がり、結果利益率も上がるので、
給与を上げ、短い労働時間で効果的に良いものを作る時間を生み出し、
関係する人々に豊かで幸せなゆったりとした時間を創ることが可能になります。
「高くてもこれを買いたい」と言ってくれる人に響く価値をつくるほうが、
ビジネスとしてはるかに強く、豊かさや幸せ感につながるのです。

「これは私のために生まれた商品だ」
誰かにそう思ってもらえるものを目指すのが、ビジネスの根幹です。
ユニフォームのような、人と同じものを着て安心する1億人よりも、
ファンになってくれる1人を想像しながら、
ものを作ったり、サービスを届けよう。
私はいつもそんな構えで、仕事をしています。

不自由を解消するのではなく、不自由さに惚れるサービスを。

ほうきより掃除機。
路面電車より、ジェット飛行機。
人は、不自由を解消するためにお金を払うというのが定説でした。

しかし、ここ5年ほどでずいぶんと空気は変わりました。
お気に入りの竹ぼうきを使って、丁寧に床をはく時間を楽しむ人。
あえて路面電車に乗って、好きな小説の舞台となった駅に降り立つ人。

不便で非効率で不自由だったとしても、
「好き」という気持ちを優先してモノやサービスを選ぶ人が増えています。

経済を最もパワフルに動かすのは、「惚れる」という感情です。
「あの人がいるから」という理由でお店に通うのも、「惚れる」の感情。
記念日に彼女のために100万円のワインを買うのも、「惚れる」の感情。
理屈で払う金額には上限がありますが、感情で払う金額には上限がありません。
「推し」という表現にも置き換えられますが、
お金をダイナミックに動かす「惚れる」という感情に、私は興味があります。

「信じて任せる」が
稼げる組織づくりの根幹。

ビジネスは一人の力では成功しません。
チームの力を発揮し役割分担で、最大の成果を出す。
これが「稼ぐ」うえでも合理的な、あるべき姿だと思います。

私が「これぞ理想のチームの姿だ」と感動したのは、
２０１５年のラグビーワールドカップで
日本代表チームが強豪・南アフリカ共和国と戦った試合で見せた姿勢です。

激しい試合展開の末、3点差で相手を追う形で迎えた終了間際。
日本チームは敵陣に迫る位置でペナルティを獲得しました。

選択肢は二つあり、
3点取れるペナルティキックか、5点で逆転トライを狙えるスクラムか。
ヘッドコーチのエディ・ジョーンズは
「安全に引き分けできるキックだ」と指示しましたが、
チームを率いるキャプテンのリーチマイケルは
選手間で意思確認をした結果、スクラムを選択。
そして見事にトライを決め、歴史的勝利を挙げ、日本中を歓喜の渦に巻き込みました。

この話は一見、コーチの指示を無視したように見えますが、実は逆です。
日頃から指揮官が信念や戦術を叩き込んでいたから、
グラウンドでの選手たちは、究極の場面で
グラウンドで対応できるのは自分たちしかいない…と
役割を認識して自分たちの決断をすることができた。

「グラウンドに降りたら最終的には自分で考えてやり抜け」という〝教え〟に対して忠実だったからこそ成し得た勝利だったのだと思います。

逆転勝利という結果はもちろん素晴らしいですが、

もっと讃えるべきは、勝利を可能にした人と人の信頼関係です。

これぞチームワークだと感激したのを覚えています。

「指示待ち」で機を逸する、この瞬間の状況からかけ離れた指示を守って負けるなど、あってはならないことです。

いざという局面は、一人ひとりが「今、やるべきこと」に向かって行動してこそ、乗り越えられるものです。

私が目指すのも、自立した個人の力が役割分担を意識して集結するチームです。

行き過ぎた目標は、強欲と同じ。人も企業も「うまれかわり」が必要。

資本主義においては、企業の存在意義は利益を生み出し続けることです。
成長するにつれ人件費や管理費は増大するので、
毎年毎年、より多くの売り上げをあげなければならないというレースです。

しかしながら、
一つの企業が何十年、何百年と同じ仕事で利益を生み出し続けることは、
本当に可能なのか、私は疑問です。

もちろん、無理をして頑張れば可能になるかもしれませんが、果たしてそれは幸せにつながっているのか、どうか。長く続ければいいというものではないのです。


歴史的な街にある築100年の家には、新築の家にはない思い出という情緒的な魅力があるでしょう。

しかし、住みやすさの比較でいえば、最新の設備や機能を備えた立地の良い新築の家のほうがいいに決まっています。

ビジネスも同じで、長く続けることが正解とは限りません。

市場の環境や社会の情勢は刻一刻と変わるなかで、同じ会社が同じ仕事で成長を続けることは難題です。


徳を積むという観点でも、限りなく利益を求める発想には私は反対です。

私たち個人の一人ひとりに、この世で果たすべき役割があるように、企業の一社一社にも、その企業なりに変化する社会で時々に応じて果たすべき役割があります。

「世の中に貢献しながら、同時に利益も得られ、その利益によって多くの人々に時々の豊かさや幸せ感を創生していける」というのが企業活動の理想形でしょう。

しかしながら、ほどほどのところでやめずに「もっともっと」「さらに利益を」と同じ仕事で過剰に目標を広げていった結果、何が起きるのか?

疲弊、不満、崩壊です。

まさに強欲の結果が生む弊害です。


個人のキャリアも同じで、同じことばかり続けていても、成果はある程度までは上がりますが、あとは質量共に落ちるばかりです。

ほどほどのところでやめて、新しいことを始めるほうがいい。


私は、人も企業も、一つの領域でパフォーマンスを発揮できる〝賞味期限〟はせいぜい10年だと思っています。

だから、私自身も10年ごとに「うまれかわる」つもりで、仕事を替えてきました。

「愛着があるから」「迷惑がかかるから」としがみつくのは、おごりであり執着です。

適材適所は、時に応じて変わるもの。

時の流れの中で、自分より優秀な人はいくらでも出てきます。

特に組織のトップである経営者という立場になると、

「そろそろ」と促してくれる人もいなくなりますから、自分で決めないといけません。

いいときほど、立ち去るタイミングだと思います。

10年かけて磨いた感性を放出しながら、外の光を浴び、風を全身で受けて、
明るいほうへと飛んでいく。
そんな軽やかさが、人や企業が新鮮さを保つためには必要だと、私は思うのです。

「これ、中野さんみたいでしょう」

中国人の古くからの友人が、私の80歳の誕生日祝いに差し出してくれたのは、
真っ白な「たんぽぽの綿毛」を透明のプラスチックに閉じ込めた綺麗な置き物。

たんぽぽは、風に吹かれるままに飛んでどこかに着地、根を張り美しい黄色の花園をつくります。

「たしかにそうだね」ととても気に入って、大切に持ち歩いています。

4章

お金に好かれる運と縁の磨き方

心の軸を整える毎朝のルーティン。

起床は、太陽が地平線の輪郭を照らす15分前。
東向きの窓の前に静かに座り、朝の呼吸に集中します。
鼻から5秒吸って、口から15秒かけて吐く息を感じながら、
静かに過ごす時間はだいたい7時頃までです。
この後に浮かんだアイデアは、忘れないうちに電話で連絡しておきます。

心が十分に整ったら、シャワーでリフレッシュ。

水流の刺激を全身に浴びながら、顔の洗い方をしっかり意識したり、今日着る服のコーディネートをあれこれと考えること30分。

ネイビー系か、ベージュ系か？

ポイントは水玉柄の靴下にしようか？　などなど。


シャワーを終えたら、15分間の「祈り」を捧げます。

自分自身への誓いと神への感謝。

「今日も精一杯、目の前のことに意識を集中して丁寧に丁寧に対応します」と、一日の始まりに約束をする習慣は欠かしません。


祈りを終えると時刻は8時。

朝食として、6種の旬の果物と2種のヨーグルトと1杯のお白湯。

それから、季節を感じさせる上生菓子（ねりきり）を一つだけ。

栄養補助として4種類のサプリメントを、

「いつまでも健康でありますように」と念じながら頂く。

8時45分頃、仕事を開始。

いきなり、なんの話だと驚かれたでしょう。
私がここから伝えたいのは「運」の話です。

運がいい人、悪い人。
その違いはなんでしょうか。
まず知っておくべきことは、「運を意識して生きる」ことの重要性です。

ものごとがうまく進んだときは「運がよかった」。
ものごとがよからぬ方向へいったときには「運が悪かった」。
運の力を信じる人は、
運を呼び込む行動にも自然と意識が向くのではないでしょうか。

そして、運は最初から決まっているものでもなければ、
人智の及ばないものでもありません。
意識と行動次第で運は上げることができると、私は信じています。

運を味方にするための習慣を毎日、続けています。

日々時々、めくるめく現実はやってきます。
誘惑や欲に負けず、もっと成長したいと願い、
正しいと信じられる自分を励ましていかなければなりません。
乱れがちな心の軸を、こまめに整える。
その一つの「型」のようなものが、毎朝のルーティンなのです。

運をはこぶのは「人」。運がいい人に寄り添い、運が悪い人からは遠ざかる。

私が毎朝続けているような習慣を今すぐ始められなかったとしても、手っ取り早く運を上げる方法があります。

それは、「運がいい人」に寄り添うこと。

運は地面から突然生えてくるものではなく、必ず「人」がはこんでくるからです。

「運」という字が示すように、運とはまさに「はこび、はこばれるもの」。

さっぱりと明るく前向きで、「この人は何事もうまくいっているなぁ」と感じる人と積極的にかかわりを持ち、可愛がってもらうことです。

何事もうまくいくのには、理由がある。
運がよくなる考え方や行動を、そばにいれば自然と学べます。

逆にやってはいけないのは、運が悪そうな人に近づくこと。
運が悪い人の共通点は、依存心が強く、他人にすがる傾向です。
巻き込まれないようにと、私は細心の注意を払っています。
「かといって、あからさまに拒絶するのもよくないのでは？」と気になるでしょうか。

もちろん、相手を不快にするふるまいは避けるべきです。
覚えておきたいのは、適度な距離を保つ作法。
「会えませんか」と言われたら、相手を迎えるのではなく、自分から訪問する。
できるだけ日を空けず、「ちょうどそちら方面に行く用事があるので立ち寄ります」と
すぐに時間をつくることがコツです。
面会できたら、長居は無用。5分、10分、顔を合わせたら充分です。
「元気そうな顔を見られてよかったです」と笑顔でさっぱり立ち去りましょう。
悪運を寄せ付けないつきあいのコツは、「早く、短く」です。

相手の目の奥に〝運〟が見える。目を見て10秒の挨拶から始めよう。

「運がいい人」を見極めるにはどうしたらいいのか。
もう少し具体的な方法を教えましょう。

初めて会う人には、体を正面に向けて、しっかりと目を見て挨拶をする。
そのとき、自分の目に力を入れて、相手の目の奥をぐっと見る。
一言、二言交わしながら、できれば10秒。
相手の目の奥に感じられる輝き、熱、パワーのようなものを感じるつもりで。

このたった10秒で、
目の前の人が運がいい人か悪い人なのか、感じ取れるはずです。
同時に、自分もまた相手に見られていることも忘れずに。
相手から「運がよさそうな人だ」と思われることが、
縁つなぎには欠かせません。
目をしっかり開いて力を込め、
自分の内側にあるパワーもしっかりと伝える。
初対面では大事な10秒の儀式です。

少し不思議に感じられるかもしれませんが、効果は私が実証済みです。

健康な身体に幸福は宿る。
〝マイナス30歳〟を保つ習慣。

病気になるから不幸なのか。
不幸が病気を呼び込むのか。
どちらが先かは分かりませんが、
私は健康な身体に運や縁が寄ってくるものだと信じています。
毎年1歳ずつ年齢を重ねたとしても、私の気分は「マイナス30歳」。
健康的な自分をイメージし、具体的にデザインすることが重要だと考えています。

食事の基本は「過ぎないこと」。
朝食はごく軽く、昼も手短に済ませるのが流儀です。
食事は野菜中心で、たんぱく質や繊維質を多めに心がけ、
調理法はできるだけボイルで油を摂り過ぎないように。
ビタミンBとC、魚油由来のDHA、目に良いルテイン、
ビフィズス菌を摂取できるサプリメントは毎日欠かしません。

胃腸に負担がないように、夕食は17時頃には始めて19時までには済ませるのが
原則です（もちろん会食でどうしても、という日はありますが）。
お酒は27歳で断って以来、頂きません。
歯磨きは1日2回、15分ずつ丁寧に。
就寝時間はだいたい23時と決めています。
週に2回は2時間のトレーニングとストレッチを行い、
仕事が空いたときには「知らない町」を4〜5時間かけて散歩するのが楽しみです。
そして毎週日曜の午後には、馴染みの美容師さんに髪を切ってもらってサッパリと、

新たな週を迎えます。

毎日毎週、規則正しく。

「まるで機械みたいだね」なんて笑われますが、

私にとってはこれが心地いい最適なリズムです。

若い頃から体形が変わらず同じサイズの服が着られるから、

無駄な出費がかさまないのが自慢です。

運と縁を感じる10人のために惜しみなくお金を使う。

自分にとって大切な人、感謝を伝えるべき人、応援したい人に対して、お金を使うことは善であり幸です。

惚れた相手に多額のお金を使う人を「そんなに貢いでどうするの」と馬鹿にするのはナンセンスです。
あるいは好きなアイドルを応援する「推し活」のために、給料の半分以上を使うのも、本人にとっては理の通った使い道に違いありません。
その人にとって、価値のある目的ならば、そのお金は生きます。

私には今、ご縁あって
毎日の生活や仕事をサポートしてくれる仲間や友人がいます。
合わせて10人程度のその方々を、自分を支えてくれる「チーム」だと考えて、
10人にはしっかりとお金を使おうと決めています。

際限なく誰にでも使うことはできませんが、
「10人」と決めたならば、
思い切り、気持ちよく、
その人たちのためにお金を使うことができるのです。

大切な人のために願う
年始の「種銭」。

1年の始まりに、毎年繰り返している習慣の一つが、「種銭」を渡すという習慣です。

いつもお世話になっている人たち数人から、1万円札を1枚ずつ預かって、その人の代わりに祈るのです。

今年もこの人に良いご縁が巡ってさらに豊かになりますように。

そして、また善いお金の使い方をして、もっともっとご縁が広がっていきますように。

祈りを込めて清めた1万円札をお返しするのです。

ご利益があるかどうか分かりませんが、
もう何年も続けて「今年もお願いします」と1万円札を託してくれる人もいます。
日頃私を助けてくれる人に、ご縁や運の恵みがありますようにと祈る時間によって、
私の心も清められる気がします。

投資目的でアートは買わない。ファンとして、交流のために買う。

アジアの若いアーティストを応援し、アートを通じた国際交流を促進したい。
そんな思いから、東方文化支援財団という団体を立ち上げたのが7年前のことでした。

個人的にもアートは好きで、気に入った絵があればパッと買っています。
「アートを買う」というと、「投資目的のコレクション」と勘違いされるのですが、私にとってアートを買う行為は純粋に「ファン」としてのコミュニケーションです。

気に入った絵を買うことによってユニークな作家と出会えるし、交流が生まれる。
それが何よりの価値です。
出会いや交流は、決してお金では買えない価値です。
元来、芸術というのは、個人と個人を感性でつなぐものではないでしょうか。

仕事が嫌なら、さっさと転職。からり、ふわりと軽やかに。

どんよりと暗い顔をして「今の職場で働くのがつらいんです」と悩み相談をされたときには、私は間髪入れず「さっさと辞めたほうがいい」と伝えます。

仕事も会社も一つではなく、五万、十万とあるのですから、なにもしがみつくことはありません。

会社との関係は、所詮相性。

こちらの水が合わなかったとしても、向こう岸の水はぴたりと合うなんてことは、よくある話です。
人生は短く、そして、何度でもやり直すことができます。
心を尽くして働いても疲れるばかりで、
「もう少しここで踏ん張ろう」という気も起きないのなら、
早めに見切りをつけて次へと進むべきです。

職選びも人づきあいと同じで、ふわりと軽やかに。
希望を持てない場所にじめっと留まったところで、
新しいものは何も生まれないでしょう。周りの人も迷惑です。
運とは、〝動く〟人へと引き寄せられていくものだと、私はイメージしています。

笑うところに福来る。愛想よくフレンドリーに挨拶を。

運をはこんでくるのは人。
だから、困ったときには、
運がよさそうな人についていくだけでいいのです。
年をとると（特に男性は）、プライドがじゃましてか
不愛想になる人が多いように思います。
しかしながら、不愛想は損失のもとです。

私は結構人懐っこいタイプの人間で、
自分の日常生活にかかわってくれる人、
ささいなことでもお世話になっている人に対しては、
積極的に声をかけて愛想よくふるまいます。

たとえ少々疲れていたとしても、玄関の外に一歩踏み出せば、
頬をシャキッと上げてにっこり笑って、張りのある声を出して、
管理人の方の目を見て「おはようございます」と挨拶をする。
ただこれだけで視界に広がる世の中が輝き始めます。
要は、心の持ちようなのです。

愛想に言葉は要りません。
目を見てほんの数秒、無言で「私はあなたに関心、興味がありますよ」と
テレパシーのように伝える。
余計な言葉は、期待や依存を生んでしまいますから、
シンプルな挨拶程度でいいのです。

媚《こ》びを売るのと、愛想はまったくの別物です。

私が学生時代に所属した野球チームは150人もいる大所帯でした。

同じ力量の選手はたくさんいます。

そこで起用されるうえで大事な要素の一つも、やはり愛想であり愛嬌でした。

明るく元気に挨拶する。

自分の存在を知ってもらうための、最も効率的な行動が

明るく人懐っこい挨拶ではないでしょうか。

不遇な環境はむしろ恵み。「持たないこと」が人生をプラスに変える。

私がいつも楽観的なことを言ってばかりいるからでしょうか。
「中野さんは恵まれていていいですね」と、少しやきもちを焼かれることがあります。
たしかに私は今、幸せだと思います。
しかしながら、人生の始まりは決して恵まれたものではありませんでした。

私の生まれは1944年。
戦中戦後の混乱の中で幼少期を過ごし、

祖父母に育てられました。
その祖父母も小学高学年の頃に相次いで亡くし、親戚を頼って北へ向かい、青森県の弘前の中学に進みました。

そこからも波瀾万丈の人生を歩んできたわけですが、経歴のどこをとっても不足だらけ穴ぼこだらけの人生です。
物心ついた頃から、
「周りの友達は持っているものが自分にはない」環境や、「知っているものは何もない」環境、
ないない尽くしの環境で過ごしてきた記憶しかありません。

しかし、それが逆によかった。
足りないからこそ、努力をしなければと考えるし、認められようと知恵を絞る。
一人では生きていけないことを知っているから、
今日会った人に自分をよく知ってもらい、助けてもらえる関係を築く術を、
自然と身につけてきました。

はじめから何不自由ない生活を送れていたら、
私は今、これほどまで素晴らしい人たちに囲まれて
毎日を過ごせていないでしょう。
私は恵まれていなかったからこそ、恵まれたのです。

弱さは感謝の源。人を巻き込む力になる。

先に述べた経験から、自分が不遇と感じているときこそ、実は自分の人生が好転するチャンスなのだと、若い頃から理解していました。

不遇というだけでなく、私はもともと特別な能力もありません。

平凡な人間だという自覚がありました。

今でも、お菓子の袋一つ、上手に開けられないような、どうしようもない不器用な大人です。

常に誰かの力を借りなければやっていけないという危機感があります。

だから、何かをしてもらったときには心から「ありがとう」という感謝の念が生まれ、自然と言葉が出てきます。

「部下に対して『ありがとう』と言えない上司」は珍しくないようですが、私からすると、なぜ言えないのかが分からない。
自分をサポートしてくれているのだと理解して、その行為に感謝の気持ちがあれば、自然と言葉にできるはずなのです。

平凡だからこそ人の助けを素直に受ける。
サポートしてもらったことに感謝する。
感謝の気持ちを伝える。

そんな循環を保つことが、私の生存力なのかもしれません。

シンプルに尽くす。尽くすゆとりが、心のバロメーター。

自分の心に素直になる、正しさを貫く、といった心得をお話しすると、「自分勝手でいいんだ」と勘違いされることが時々あります。

利己的なエネルギーは、運も縁も遠ざけます。


私は、目の前の人に「尽くす」ことを喜べる人間でありたい。

常に誰に対しても尽くそうという気持ちがあれば、周りの人はより快適に穏やかな状態になるはずで、そういう場に運や縁は寄ってきます。

「尽くす」というと大仰に感じるかもしれませんが、単純に

「役に立ちたい」「助けたい」という気持ちとささやかな行動があればいいのです。

尽くすという行動は、決して自分を削って差し出すような

犠牲の精神の上に成り立つものではないというのが、私の理解です。

むしろ、エネルギーを増幅させ、活力を生むものです。

相手に喜んでもらえたら元気を受け取れますし、

周囲からの賞賛や敬意を受け取れるという点で、大変に「お得」です。

同時に、こんなふうにも考えます。

他人に尽くせるかどうか、その状態を測ることで

「心のゆとり」のバロメーターにもなると。

つまり、尽くそうとする気持ちが泉のように湧き出るときには、

自分の心の状態が健やかであるという証拠。

そうでないときは、心を休めるべきと思っています。

どんな〝ものさし〟を選ぶかという違いも、人生の質を定めるはずです。

相手によって態度を変えない裏表のない素直さを。

運や縁というのは、いろんなところからやってきます。
その意味で、玄関は清潔に、いつでもひらけた明るい感じが良い。

人づきあいにおいては、相手の立場に応じて態度を変えるのは、運や縁をつかむチャンスを逃すようなものです。
私は昔から、相手の肩書きや年齢にはまったく関心がなく、誰に対しても同じ態度で接するタイプでした。

年功序列の日本の企業社会ではかなり〝変人〟と見られていたことでしょう。

野球に明け暮れ、特にやりたいことも見出せずに就職活動もしないまま大学生活も終盤を迎えた頃、心配してくれたのは花屋のおばさんでした。殺風景な寮生活に彩りを求めて、私が毎月一輪ずつ、花を買っていたお店のオーナーです。

「あなた、就職はどうするの」

「まだ決めていません。何をしたらいいか分からないし」

「まあ、どこかに入らないとダメよ」

そんな会話の後にあれよあれよと紹介され、面接を受けることになったのが新宿にある百貨店。

どうやらそのおばさんが重役と親戚だったようです。

面接も特に気を張らずに正直になんでも応えていたら、そんな態度が面白がられたのか合格。

入ってみたらみたで、「何ができる？」と言われてもほとんど何も分からない。

「自分が他の人よりできることは何一つ見当たりません」

「なんでうちに来たの？」

「とにかく仕事を探さないと食べていけませんので」

「ということは、なんでもやるわけね？」

何もできないんだから、言われたことはなんでもやるしかないなと腹を括って研修に参加したら、最初のお題は名刺配り。

三菱系の会社がずらりと入ったビルの上から下まで挨拶をするという実地研修でした。

初めて訪問するお客さんに対しても、私はいつもどおりの調子でした。

「こんにちは、〇〇課長さんですか。『名刺を配ってこい』と言われたので持ってきました」

すると、「そんなことを言うやつがいるか」と大笑い。

またまたバカ正直に
「相手の名刺をもらってくるのが、今の私の仕事なんです。よろしくお願いします」

と言ったら、「しょうがないな」と名刺をくれました。

もちろん無礼は禁物ですが、
まっすぐに心を向ける人を嫌う人は少ないのかもしれません。
または、こうも言えます。
まっすぐに心を向ければ、まっすぐに心を向ける人との縁がやってくる。

執着は心を濁らせる。嫉妬や恐れから解放された自分になる。

金銭トラブルに巻き込まれて不幸になる人たちのニュースが後を絶ちません。
例えば、その気がない相手を恋人だと一方的に思い込んで
多額の金銭を貢いだ挙句に逆上したり。
あるいは、長寿健康を願うあまりに法外な値段の健康グッズを買い込んで
大変なことに追い込まれたり。
そうしたトラブルの原因を突き詰めて考えると、
「執着」の一言に行き着くのではないかと思います。

不安や恐れ、妬みや恨み。
そうした負の感情が募り募った結果として、執着へと変わる。
執着は心を濁らせ、視界を悪くします。
まともな人であっても、正常な判断ができなくなるのです。

人間は弱いので、油断をするとすぐに執着に負けてしまいます。
執着の一歩手前の負の感情に気づいたら、早めに手放すことです。
対象から距離を置き、関心をほかに向けて、「今、目の前」に集中する。
自分をいつでもリセットする方法を身につけたいものです。

きれいな道より、獣道。歩いた跡が道になる。

迷ったとき、自信がないとき、誰もが「道」を求めます。
けれど、私の人生をふり返ってみると、
いつも自分の前に道は見えていなかった気がします。
草木が生い茂っていようが、急斜面が続いていようが、
ぽかぽかと温かな太陽の光を感じるほうへと、
てくてくと気楽に歩いて行った。
そんな感覚です。

しばらく進んでふり返ると、自分の足跡がずっと続いていて、
それが道といえば道にも見える。
でも、一人で踏みしめた道だから、広くもないし、でこぼこしている。
よく見たら途中で切れて、寄り道していたりして。
でも、私にとってはそんな道が一番楽しい。

きれいに舗装された広くてまっすぐな道は、たしかに安全で、
事故に遭う危険も少ないかもしれません。
でも、きれいな道には大勢が集まるからかえって窮屈だし、
周りに速度を合わせてまっすぐ歩かないといけない。
もしかしたら、賢い誰かが通行料をとろうとするかもしれない。

私は、自分のペースで、好きな方角へ進む道のほうがいい。
不格好でも、自分で選ぶ道こそが、私の人生の方角を決める唯一の「道」なのです。

自分も相手も満たす「TOKUBUN」を積み上げる。

「TOKUBUN」というのは、
私の師匠である阿闍梨 松永修岳から教わった言葉です。
漢字で表すならば「徳・分」でしょうか。
正確な定義を聞いたことはありませんし、すぐに分かる必要もないと思っていますが、
私の感覚では「自分が気持ちよく感じる行為のすべてであり、
かつ、他人を必要以上に不快にさせない行為」。
運や縁を巡らせ、徳を積むために欠かせない意識を呼び覚ます言葉です。

いくら他人のためになるからといって、
極度な自己犠牲を払っては、不健康で持続もしない。
逆に自分がいい気分になるだけで、誰かが疲れてしまってもいけない。
自分も周りの人も、穏やかに満たされる。
決して簡単ではない理想を描き、一つひとつの行動を選択したいものです。
重要なのは、意識です。

今日はどれほど「TOKUBUN」を積むことができただろうか。
そしてその努力をしただろうか…。

出会った人との会話から、口にした食事まで。
一日の活動を終えて眠りにつく前、ゆっくりとふり返る時間を大切にしています。

エピローグ

2025年春、私はまた新たな自分にうまれかわろうとしています。

明るい妄想と、妄想を具体的に構想にする力、そして実現する力、チームワーク。

私利を目的とせず、社会のために、人のために、

恵みをぐるぐると回していくデザイン。

リーダーには必須の資質でしょう。

私の年齢を知っている友人知人からは、

「中野さんは、いくつになってもスピーディーに新しいことを始めるね」と

驚かれます。

たしかに、私のモットーは「軽やかに生きる」です。

そして、「今できることに集中する」こと。

できないことには執着しないようにしています。


過去にとらわれず、未来に不安を持たず、今この瞬間に全神経をかけて楽しみ、常にベストを尽くしていきたいのです。

そして、役目を終えたら、笑ってさっといなくなる。

それが私の美学です。


この美学を全うするためにも、お金のしがらみを断つことは不可欠です。

誰かに依存したり、お金そのものに執着していたりすれば、軽やかに動くことは難しくなります。


いつでもうまれかわることができる自分になるために一番必要なこと。

それは「お金」との関係を磨き切ることなのかもしれません。


最後に、人生において最も大切な「財産」とはなんでしょうか。

私にとってそれは「お金」ではありません。
「正しさとは？」と問いながら、
ときに壁にぶつかり、手痛い失敗もしながら突き進んできた道の跡。
その旅路を共にする仲間こそが、人生で最も貴重な財産です。
古くからの友人と新たに出会った仲間に囲まれ、今日も楽しく仕事ができている。
これ以上の充実と幸福があろうかと、感謝の念でいっぱいです。

お金を通じて、少しずつ徳を積む。
ささやかな積み重ねがもたらすものとは。
感じ取り、気づき、味わいながら、一日一日を幸せに過ごしていきたいと思います。

結びに

まとめられた項目のワードは、
ご存知の方、お耳に挟んだようなことも多いと思います。

では、行動していますか？

「知りたいのか」
「学びたいのか」
師・阿闍梨・松永修岳は、常に問いかけます。

「師に感謝」

そして ディスカヴァー・トゥエンティワンの大竹さん、安永さん、

サポートしていただいた宮本さん、脇山さんはじめ、
気づきを頂いた多くの皆様のお力によって、

『ぜんぶ、すてれば』から始まった私の著作活動の3冊目は誕生しました。

皆様に感謝いたします。

「ありがとうございました」

中野善壽

本書の著者印税は、東方文化地域で支援を必要とする子どもたちへ全額寄付されます。

気づきのシェアノート

本書を読んで、あなたの心や行動に
どんな変化があったでしょうか？

1. 気づいたこと、感じたこと、やってみようと思ったことを書き留めておきましょう。
2. 友だちにもあなたと同じような変化を体験してもらえるよう、本書を紹介したり、贈ったりしてみましょう。
3. 本書を読んでもらった人に、30秒時間をもらって、感想を聞いて、下記に書き留めましょう。さらに新たな気づきが得られるでしょう。

名前	日付	感想・シェア

お金と銭

発行日　2025年3月22日　第1刷

Author　中野善壽
Book Designer　井上新八（装丁）／市川さつき（本文フォーマット）

Publication　株式会社ディスカヴァー・トゥエンティワン
〒102-0093　東京都千代田区平河町2-16-1 平河町森タワー11F
TEL　03-3237-8321（代表）03-3237-8345（営業）
FAX　03-3237-8323
https://d21.co.jp/

Publisher　谷口奈緒美
Editor　大竹朝子　安永姫菜（本文協力：宮本恵理子）

Store Sales Company
佐藤昌幸　蛯原昇　古矢薫　磯部隆　北野風生　松ノ下直輝　山田諭志
鈴木雄大　小山怜那　藤井多穂子　町田加奈子

Online Store Company
飯田智樹　庄司知世　杉田彰子　森谷真一　青木翔平　阿知波淳平
大﨑双葉　近江花渚　徳間凜太郎　廣内悠理　三輪真也　八木眸
安室舜介　古川菜津子　高原未来子　千葉潤子　川西未恵　金野美穂
松浦麻恵

Publishing Company
大山聡子　大竹朝子　藤田浩芳　三谷祐一　千葉正幸　中島俊平
伊東佑真　榎本明日香　大田原恵美　小石亜季　舘瑞恵　西川なつか
野﨑竜海　野中保奈美　野村美空　橋本莉奈　林秀樹　原典宏
村尾純司　元木優子　安永姫菜　浅野目七重　厚見アレックス太郎
神日登美　小林亜由美　陳玟萱　波塚みなみ　林佳菜

Digital Solution Company
小野航平　馮東平　宇賀神実　津野主揮　林秀規

Headquarters
川島理　小関勝則　田中亜紀　山中麻吏　井上竜之介　奥田千晶
小田木もも　佐藤淳基　福永友紀　俵敬子　三上和雄　石橋佐知子
伊藤香　伊藤由美　鈴木洋子　照島さくら　福田章平　藤井かおり
丸山香織

Proofreader　株式会社T&K
DTP　有限会社一企画
Printing　シナノ印刷株式会社

ISBN978-4-7993-3134-7
Okane to Zeni by Yoshihisa Nakano

ディスカヴァーの本

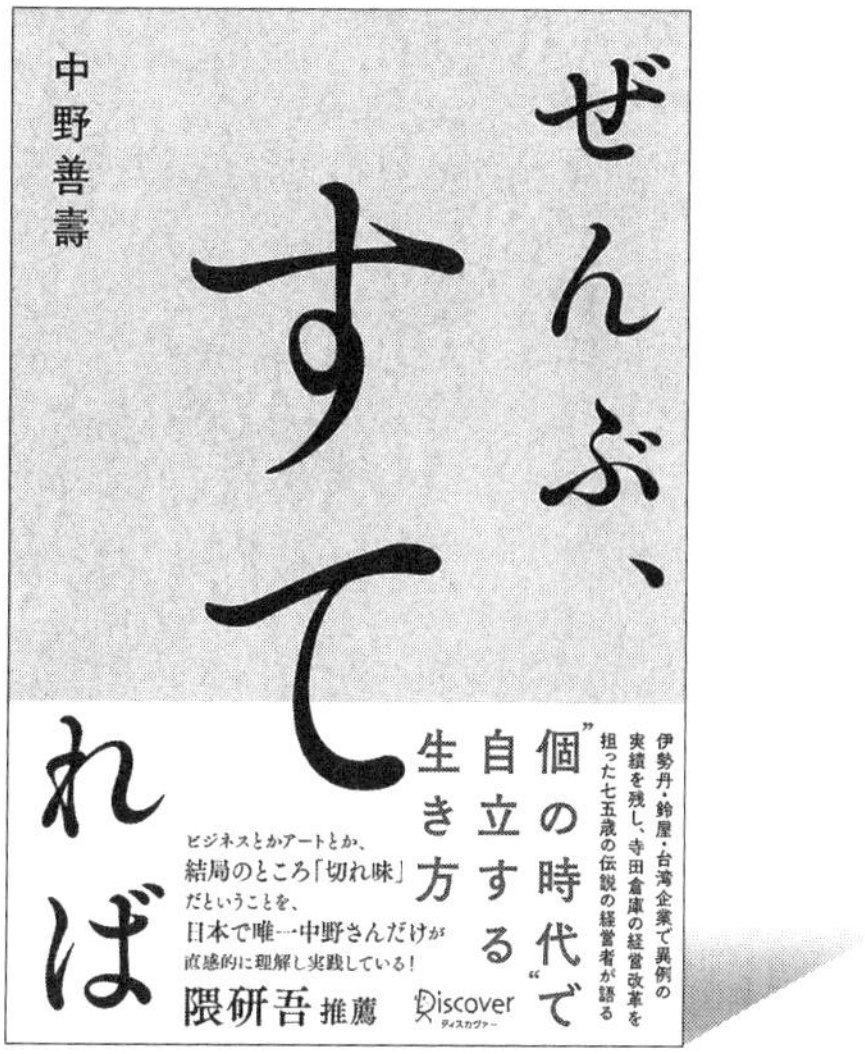

『ぜんぶ、すてれば』

中野善壽

隈研吾氏、推薦!!「ビジネスとかアートとか、結局のところ「切れ味」だということを、日本で唯一中野さんだけが直観的に理解し実践している！」

何も持たないからこそ、過去に縛られず、未来に悩まず、今日を大切に生きることができる。

伝説の経営者が説く、現代を前向きに、楽しみながら生きるためのヒント。

定価 1760円（税込）

書籍詳細ページはこちら
https://d21.co.jp/book/detail/978-4-7993-2597-1

ディスカヴァー・トゥエンティワン公式サイト　https://d21.co.jp/

本書初版刊行日の価格です